SYLVANUS Mulowayi Wa Kayumba

ALLIANCE MOSAIQUE

SYLVANUS Mulowayi Wa Kayumba

ALLIANCE MOSAIQUE

Double Table des 10 Commandements de Dieu

Éditions Croix du Salut

Imprint

Cover image: www.ingimage.com

Publisher:
Éditions Croix du Salut
is a trademark of
Dodo Books Indian Ocean Ltd., member of the OmniScriptum S.R.L Publishing group
str. A.Russo 15, of. 61, Chisinau-2068, Republic of Moldova Europe
Printed at: see last page
ISBN: 978-620-3-84281-4

8
GRANDES ALLIANCES
BIBLIQUES
5. Alliance Mosaïque

Alliance Mosaïque

INTRODUCTION

La Bible décrit 7 alliances différentes dans l'Ancien Testament. 4 d'entre elles (Abrahamique, Palestinienne, Mosaïque et Davidique) ont été établies entre Dieu et la nation d'Israël.

3 alliances (Edénique, Adamique et Noachide) ne sont pas directement liées à Israël. Elles sont pour toute l'humanité.

L'Alliance Abrahamique est la première alliance pour le peuple que Dieu lui-même s'était choisi et elle s'étend aux autres peuples par la cohabitation avec lui. Elle a été marquée par le sacrifice d'Isaac. C'est de là qu'Abraham est appelé jusqu'à ce jour, le père de la foi.

Dieu bénit le peuple qui bénira Israël et il maudit celui qui maudira son peuple qu'il s'est choisi en Abraham. Et il étend ainsi la bénédiction à toutes les familles de la terre.

L'Alliance mosaïque est une alliance conditionnelle sur le peuple d'Israël qui sera béni pour son obéissance ou maudit pour sa désobéissance. Elle intervient après la sortie du peuple d'Israël du pays d'Egypte. Car Dieu ne pouvait pas donner la loi à un peuple dans la servitude.

L'Alliance palestinienne est spécifiquement donnée au peuple de Dieu dans la Terre Promise.

L'Alliance Davidique est une alliance royale.

Adam, Noé, Abraham, Moïse et David dont les dont sont mentionnées dans les grandes alliances de l'Ancien Testament ne se rencontrèrent point.

Adam, Noé et Abraham ne laissèrent aucun document écrit sur leurs alliances.

Ce fut de bouche à oreille que la connaissance de la divinité de Dieu et de sa relation avec l'humanité toute entière et avec le peuple d'Israël nous est parvenu jusqu'aux temps de Moïse.

C'est finalement cet enfant tiré des eaux par la fille de Pharaon, qui lui nom ce nom qui est repris plus de 700 fois dans la Bible, qui joua un rôle très important dans l'amassement et la collection des Saintes Ecritures.

Il naquit comme le Seigneur Jésus pendant une période sombre, triste et affectée par la méchanceté du roi d'Egypte à faire mourir les enfants mâles des Hébreux au pays de la servitude.

Et plus tard, il essaya de sauver son peuple par la force physique, mais ne put point et menacé par l'un de ses propres frères hébreux, il fut obligé de fuir au loin pour revenir plus tard avec les signes et les prodiges de la part de Dieu.

Cette Alliance marque un temps nouveau dans l'histoire de Dieu avec les hommes en général et avec le peuple d'Israël en particulier.

L'alliance qui porte son nom est caractérisée par le bâton et la double-table des 10 commandements de Dieu.

L'Auteur

ALLIANCE MOSAIQUE

Dieu se révéla d'abord à Moïse pour accomplir la promesse faite à Abraham alors qu'il était encore chez son beau-père Jéthro.

Comment le peuple de Dieu se retrouva-t-il en Egypte ?

C'était une prophétie venant de la part de Dieu lui-même fait en son temps à Abraham.

« 15.13. ***Et l'Éternel dit à Abram: Sache que tes descendants seront étrangers dans un pays qui ne sera point à eux; ils y seront asservis, et on les opprimera pendant quatre cents ans.***

15.14. ***Mais je jugerai la nation à laquelle ils seront asservis, et ils sortiront ensuite avec de grandes richesses.***

15.15. ***Toi, tu iras en paix vers tes pères, tu seras enterré après une heureuse vieillesse.*** » Genèse 15 :13-15

Abraham ne pouvait pas vivre toute l'Alliance Abrahamique seul. Il mourut avant qu'elle ne soit remplacée par l'Alliance Mosaïque, l'Alliance Palestinienne ainsi que l'Alliance Davidique.

Israël descendit en Egypte après la mort d'Abraham et d'Isaac, pendant que Jacob était devenu vieux, quand Joseph fut vendu par ses frères aux Ismaélites qui le revendirent à leur tour à Potiphar au pays d'Egypte.

Quand il y eut une grande famine dans le pays, Jacob et tous ses enfants se rendirent finalement en Egypte sans savoir qu'ils étaient en train d'accomplir la prophétie faite par Dieu à leur aïeul Abraham.

Ils furent d'abord bien accueillis par Joseph qui refusa de se venger de leur méchanceté et qui sollicita pour eux la terre de Goshen où ils travaillèrent et devinrent forts et puissants.

Vint un roi qui ne connaissait pas Joseph et se mit à les maltraiter et à les rudoyer avec des travaux durs. Et ce fut pendant cette période dure que naquit Moïse.

Les grands esprits naissent pendant des périodes de grande servitude et de grande sujétion.

Cela me fait penser à la région de l'Est de la République Démocratique du Congo qui a connu des guerres d'agression, de rébellion et d'intérêts d'exploitation minière frauduleuse pendant deux décennies sous l'œil tacite et inexprimé de la plus grande organisation militaire de paix des Nations Unies débouchant sur un bilan inhumain, béotien et cruel de plus de 10 millions d'innocents, parmi lesquels se comptent de nombreuses femmes violées et plusieurs enfants abandonnés sans famille et sans avenir.

Un jour sortira de cette zone damnée, excommuniée et maudite, un véritable libérateur de ce beau, grand et riche pays à un peuple pauvre, indigent et impécunieux dirigé par des politiciens aux tendances contradictoires, antithétiques et pleines de confusion liée à la privation effective de la maturité et de la circonspection dans la gestion de la chose publique.

En ce jour, le peuple congolais ressemble à une antilope qui meurt de soif avec les pattes plongées dans un cours d'eau.

Cette situation inexplicable ressemble typiquement à celle du peuple de révélation eu pays de la servitude égyptienne pendant 430 ans au lieu de 400 ans tels qu'annoncée en son temps à notre père de la foi, Abraham.

Un jour, Dieu lèvera un fils du pays de l'ordre de Moïse et la République Démocratique du Congo sortira de cette humiliation qui a longtemps duré sans raison valable selon les lois de cohabitation et promiscuité entre peuples.

La souffrance des enfants d'Abraham lui fut annoncée par Dieu lui-même et ne pouvait pas être détournée ni être éloignée de la trajectoire du parcours d'obstacles de leur vie.

Il y a bien de choses qui se produisent dans la vie des porteurs d'étoiles qui nous échappent et que l'on attribue à tort et à dol au diable et à ses acolytes alors qu'elles viennent bien de Dieu pour notre formation et notre édification.

Car l'or doit être purifié au four à des températures de fois insupportables et intolérables.

Pour devenir un vase d'or dans la main de Dieu, il faudra passer par le baptême de feu.

« 2.1. ***Un homme de la maison de Lévi avait pris pour femme une fille de Lévi.***

2.2. ***Cette femme devint enceinte et enfanta un fils. Elle vit qu'il était beau, et elle le cacha pendant trois mois.***

2.3. ***Ne pouvant plus le cacher, elle prit une caisse de jonc, qu'elle enduisit de bitume et de poix; elle y mit l'enfant, et le déposa parmi les roseaux, sur le bord du fleuve.***

2.4. ***La sœur de l'enfant se tint à quelque distance, pour savoir ce qui lui arriverait.***

2.5. ***La fille de Pharaon descendit au fleuve pour se baigner, et ses compagnes se promenèrent le long du fleuve. Elle aperçut la caisse au milieu des roseaux, et elle envoya sa servante pour la prendre.***

2.6. ***Elle l'ouvrit, et vit l'enfant: c'était un petit garçon qui pleurait. Elle en eut pitié, et elle dit: C'est un enfant des Hébreux!***

2.7. ***Alors la sœur de l'enfant dit à la fille de Pharaon: Veux-tu que j'aille te chercher une nourrice parmi les femmes des Hébreux, pour allaiter cet enfant?***

2.8. ***Va, lui répondit la fille de Pharaon. Et la jeune fille alla chercher la mère de l'enfant.***

2.9. ***La fille de Pharaon lui dit: Emporte cet enfant, et allaite-le-moi; je te donnerai ton salaire. La femme prit l'enfant, et l'allaita.***

2.10. ***Quand il eut grandi, elle l'amena à la fille de Pharaon, et il fut pour elle comme un fils. Elle lui donna le nom de Moïse, car, dit-elle, je l'ai retiré des eaux.*** » Exode 2 :1-10

Le père et la mère de Moïse étaient tous de la tribu de Lévi et la loi du sacerdoce n'était pas encore donnée.

Dieu avait tout prévu alors que le diable, sous couvert de l'ordre odieux et ignoble du roi d'Egypte de tuer tous les enfants mâles à leur naissance pour arrêter la montée en puissance du peuple de Dieu, cherchait à tuer l'enfant Moïse comme il essaya encore d'exterminer l'enfant Jésus à sa naissance.

Et de nos jours en République Démocratique du Congo, le mal s'est établi dans la zone Est du pays pour barrer la route au prochain et véritable libérateur des congolais pour un Congo fort, prospère et dominant.

Les porteurs d'étoiles sont combattus en dehors du péché en pleine obéissance, fidélité et discipline envers Dieu. Ils sont combattus à cause de la chose de Dieu qui est en eux. Et très souvent, ils ne le savent même pas.

SOUVENT & TOUJOURS

« ***Le malheur atteint souvent le juste, Mais l'Eternel l'en délivre toujours.*** » Psaume 34 :19

Le malheur, la calamité, le désastre, le dommage ou la ruine atteint souvent ceux qui craignent Dieu.

Le premier combat eut lieu dans le ciel, là où il n'y avait ni femme, ni argent.

Il n'y avait pas des mines d'or et des minerais recherchés comme c'est le cas en République Démocratique du Congo.

Mais la Bible nous dit ouvertement que la guerre eut bel et bien lieu dans le ciel sans l'homme et la femme.

Le mal est venu du ciel pour s'installer sur la terre et c'est le diable qui en était l'auteur.

« 12.7. ***Et il y eut guerre dans le ciel. Michel et ses anges combattirent contre le dragon. Et le dragon et ses anges combattirent,***

12.8. ***Mais ils ne furent pas les plus forts, et leur place ne fut plus trouvée dans le ciel.***

12.9. ***Et il fut précipité, le grand dragon, le serpent ancien, appelé le diable et Satan, celui qui séduit toute la terre, il fut précipité sur la terre, et ses anges furent précipités avec lui.*** » Apocalypse 12 :7-9

Il y eut guerre dans la famille de Jacob, les 10 grands-frères de Joseph, de 3 mères différentes se rassemblèrent pour le jeter dans un puits sans eau avant de le vendre aux ismaélites qui le vendirent à leur tour à Potiphar.

Ce fut sans raison fondée sur les lois de cohabitation et de promiscuité que ce petit enfant de moins de 15 ans se retrouva dans la maison de Potiphar.

Un peu plus tard, ce fut la femme de Potiphar qui le forçait à avoir une relation sexuelle avec lui.

Il n'est pas de coutume qu'une femme viole un homme !

Comme ce petit enfant portait une étoile dont il ne connaissait pas la grandeur de l'éclat, cela pouvait être assimilé à une possession ou à un lien de sang ou de famille.

A la fin de la course, Dieu se montra finalement favorable envers ce petit enfant d'antan qui devint finalement gouverneur dans un pays étranger.

Cet enfant n'eut pas l'opportunité d'écrire quoique ce soi de son vivant alors qu'il était un grand gestionnaire au pays d'Egypte. La plume n'est pas une chose facile à tous.

« Souvent » signifie de temps en temps alors que « toujours » veut dire à tout moment.

Le malheur peut nous atteindre, avec notre Bible en main et notre foi en Jésus dans le cœur, de temps en temps, mais notre Dieu nous en délivrera à tout moment.

« ***Car, si l'on fait ces choses au bois vert, qu'arrivera-t-il au bois sec?*** » Luc 23 :31

Si Jésus-Christ, le Fils Unique du Dieu Vivant n'a pas pu être épargné par cette école de la souffrance, du rejet et du mépris du juste, à combien plus ne pourrions-nous pas, de temps en temps, passer par ce couloir de larmes et lamentations malgré notre attachement au Seigneur ?

« 21.12. ***Mais, avant tout cela, on mettra la main sur vous, et l'on vous persécutera; on vous livrera aux synagogues, on vous jettera en prison, on vous mènera devant des rois et devant des gouverneurs, à cause de mon nom.***

21.13. ***Cela vous arrivera pour que vous serviez de témoignage.***

21.14. ***Mettez-vous donc dans l'esprit de ne pas préméditer votre défense;***

21.15. ***Car je vous donnerai une bouche et une sagesse à laquelle tous vos adversaires ne pourront résister ou contredire.***

21.16. ***Vous serez livrés même par vos parents, par vos frères, par vos proches et par***

vos amis, et ils feront mourir plusieurs d'entre vous.

21.17. ***Vous serez haïs de tous, à cause de mon nom.***

21.18. ***Mais il ne se perdra pas un cheveu de votre tête.*** » Luc 21 :12-18

LA SAGESSE DE LA MERE DE MOISE

Il fallait avoir une mère sage comme la mère de Moïse pour survivre en des temps pareils.

Savez-vous combien d'enfants mâles furent jetés dans les eaux du Nil à la naissance de Moïse, le libérateur du peuple d'Israël ?

Savez-vous combien d'enfants moururent sous Hérode du temps de Jésus ?

Savez-vous combien d'enfants sont morts à l'Est de la République Démocratique du Congo durant ces deux décennies d'interminables guerres d'agression et d'exploitation illicite des minerais ?

Le diable tâtonne alors que Dieu est concis et succinct en tout ce qu'il fait !

La mère de Moïse vit que son enfant était beau et refusa de le voir mourir. Elle ne lui donna pas de nom et le cacha pendant trois mois.

Il y a des dons de Dieu cachés en nous mais que nous devrions découvrir en contact avec la Parole de Dieu.

Nous ne devons pas rester à la maison en train de regarder la télévision toute la journée ou en train de naviguer dans les réseaux sociaux qui détruisent davantage cette génération de la fin des temps.

Il est bon et agréable de nous rassembler dans la présence de Dieu pour une session d'adoration, de louange, de prière ou de partage sur la Parole de Dieu en laquelle nous avons la vie éternelle en Jésus.

A un certain moment, la mère de Moïse était incapable de continuer à vivre avec cet enfant en cachette. Car les soldats du roi passaient dans les quartiers de la province de Goshen pour vérifier de temps en temps.

Elle prit l'enfant et le mit dans une corbeille et le plaça entre les roseaux sur le Nil et laissa sa grande-sœur Miriam à côté pour le garder.

Le salut commence souvent dans la famille. La première église locale, c'est la famille, où le père joue le rôle de pasteur et la mère celui d'évangéliste.

Le pasteur reste tout le temps dans la présence de Dieu alors que l'évangéliste parcourt partout pour ramener les âmes perdues à la voie du salut.

Une bonne maman doit bien ressembler à la mère de Moïse. Elle ne peut aucunement pas exposer son enfant. Même dans certaines situations difficiles et malaisées.

Moïse n'était pas seul. Sa grande-sœur qui n'avait que trois à quatre ans était là cachée dans les herbes et considérait fugitivement tout ce qui pourrait lui arriver.

« ***L'ange de l'Éternel campe autour de ceux qui le craignent, et il les arrache au danger.*** » Psaumes 34 :7

Quand nous vivons dans la crainte de Dieu, nous bénéficions de la protection invisible de l'ange de l'Eternel.

Il y a un ange qui campe autour de quiconque craint Dieu. C'est pourquoi, il ne faut pas rester longtemps dans la rébellion ou dans la servitude du péché.

Nous avons besoin d'une vie de sanctification pour bénéficier de la protection divine.

La mère de Moïse ne savait pas qu'il y avait en permanence un ange de l'Eternel pour protéger le petit enfant sans nom dans les eaux du Nil agitées par le vent.

Il y avait aussi des roseaux pour amortir les chocs des secousses du mouvement des vents et pour éviter que la corbeille ne flotte pour aller au loin.

Il y a toujours deux armes pour nous protéger. Et le petit enfant Moïse avait une armée physique où l'on pouvait voir les roseaux et sa grande-sœur Miriam et une autre invisible où était cachait l'Ange de l'Eternel.

Cet enfant n'était pas n'importe quel enfant.

Il avait une destinée particulière, un but précis de Dieu à accomplir dans la vie des descendants d'Abraham, surtout en ce temps particulier où la promesse faite au père de la foi devait s'accomplir.

Abraham qui avait reçu la promesse était déjà mort. Isaac qui lui succéda, mourut aussi avant l'accomplissement de ladite promesse. Jacob et ses douze enfants étaient aussi déjà tous morts, mais l'alliance faite à leur aïeul devait se réaliser selon la Parole de Dieu.

Personne ne savait pas ce qui se passait en ce temps-là. On croirait tout simplement à la méchanceté du roi Pharaon de tuer les enfants mâles des Israélites pour arrêter leur montée en puissance.

Joseph avait la révélation de la sortie des enfants d'Israël du pays de la captivité. Il ne la mit point par écrit. Il rassembla ses forces avant de rendre l'âme et en parla ouvertement aux siens.

« 50.24. ***Joseph dit à ses frères: Je vais mourir! Mais Dieu vous visitera, et il vous fera remonter de ce pays-ci dans le pays qu'il a juré de donner à Abraham, à Isaac et à Jacob.***

50.25. ***Joseph fit jurer les fils d'Israël, en disant: Dieu vous visitera; et vous ferez remonter mes os loin d'ici.***

50.26. ***Joseph mourut, âgé de cent dix ans. On l'embauma, et on le mit dans un cercueil en Égypte.*** » Genèse 50 :24

Les enfants d'Israël ne devraient pas rester éternellement en Egypte. Il y avait un temps fixé au cours duquel ils devaient quitter la maison de la servitude pour aller adorer Dieu dans le désert avant d'aller s'installer dans la Terre Promise.

Le pays de la promesse faite à Abraham était la Terre Promise. Mais pour y arriver, il fallait passer par l'Egypte, la Mer Rouge, le désert, le Jourdain, renverser la ville de Jéricho et combattre tous les autres ennemis des enfants de Dieu.

Et une fois installé dans le lieu de sa destinée, Israël devait recevoir l'Alliance Palestinienne pour lui permettre de vivre harmonieusement avec Dieu et avec son prochain.

LES ESCALIERS ET L'ASCENSEUR

Dieu utilise souvent les escaliers et non l'ascenseur.

Il pouvait donner plusieurs femmes à Adam pour remplir le monde une fois pour toutes. Il a cependant préféré d'y aller petit à petit et aujourd'hui, la terre est bien remplie et même si Adam revenait vous visiter, il ne croirait pas que ce fut sur cette planète bleue qu'il y avait le Jardin d'Eden.

Dieu ne pouvait laisser Caïn tuer Abel, le juste. Et pourtant, cela se fit dans son silence et sa sérénité la plus totale.

Il prend toujours les escaliers pour nous amener à l'école de la patience, la tempérance et la persévérance comme il est écrit :

« ***Mais celui qui persévérera jusqu'à la fin sera sauvé.*** » Mathieu 24 :13

Même si il n'y a pas d'énergie électrique dans le bâtiment, les gens peuvent bien monter et descendre par les escaliers.

C'est ainsi que Joseph dit à ses enfants en mourant que Dieu visitera le peuple d'Israël assurément et qu'ils sortiront de ce pays de la servitude et de captivité comme un seul homme en un seul jour. Et qu'en ce jour-là, ils emportent avec eux es ossements car la promesse fut faite à Abraham pour vivre dans la Terre Promise et non en Egypte.

Moïse en fuyant la maison de Pharaon fit quelques jours seulement et quand il sortit avec 600.000 hommes sur pieds sans compter les femmes et les enfants, il fit 40 ans dans le désert.

Les escaliers nous forgent en esprit et en vérité pour atteindre la stature parfaite de Jésus.

Les hommes de ce monde préfèrent l'ascenseur. Ils veulent planter un arbre le matin et récolter le fruit le soir du même jour.

L'ascenseur est une diagonale qui nous permet de gagner plus de temps selon la volonté de Dieu.

Les enfants de Dieu aiment la facilité, la simplicité et la vulgarité.

Ils prennent Dieu pour un ascenseur où ils entrent et poussent juste sur un bouton et demande n'importe quoi pour en faire n'importe quoi.

C'est une erreur grossière et grège de la part de beaucoup de croyants qui ne viennent que pour leurs intérêts égoïstes et flegmatiques.

Nous devions savoir manger une petite herbe amère, savoir patienter et attendre le temps de Dieu pour obtenir de lui ce que nous lui avons demandé.

Nous devons aller à l'école du jardinier pour savoir le temps de préparer la terre, mettre la semence en terre, l'arroser et sarcler la jeune plante et la protéger contre tout ravisseur jusqu'à ce qu'elle produise du fruit.

Et qui plus, il faudra garder une partie de la récolte comme semence sélectionnée pour la nouvelle saison.

L'heure de la visite de Dieu était à la porte pour sortir le peuple d'Israël afin qu'ils reçoivent l'Alliance Mosaïque pour marcher dans sa présence. Et ce fut en ces moments difficiles du naquit Moïse.

Dieu pouvait utiliser un de ceux qui étaient déjà adultes parmi les enfants d'Israël. Il préféra, une fois de plus, prendre les escaliers en passant par ce petit enfant placé dans une corbeille au milieu des roseaux sur le fleuve Nil.

La mère de Moïse avait une stratégie pleine de sagesse. Elle alla placer la corbeille du côté où la fille du roi Pharaon qui avait donné l'ordre de tuer tut enfant mâle avait l'habitude de venir prendre son bain avec ses servantes.

Et ce jour-là ce fut le jour de la rencontre entre l'enfant libérateur d'Israël et de la fille de Pharaon.

« ***Elle l'ouvrit, et vit l'enfant: c'était un petit garçon qui pleurait. Elle en eut pitié, et elle dit: C'est un enfant des Hébreux!*** » Exode 2 :6

Le petit enfant pleurait et ses larmes influencèrent la fille du roi d'Egypte qui l'emporta dans le palais royal.

LES LARMES

Si les grandes personnes peuvent pleurer, à combien plus forte raison le petit Moïse dans la corbeille face à cette princesse qui la découvre.

Ses larmes ont provoqué la compassion en la fille du roi d'Egypte qui l'amena chez elle quoique cela fût contraire à l'ordre donné par son père.

Il y a des larmes qui forcent la coupure et l'entorse de la loi établie.

Les larmes de l'enfant Moïse ressemblaient aux larmes de notre Seigneur Jésus devant la tombe de Lazare.

Les gens pleurent pour plusieurs raisons :

- Pour exprimer la douleur et la peine,
- Pour le deuil ;
- Pour réclamer quelque chose ;
- Pour supplier quelqu'un ;
- Pour demander du secours et
- Pour quelques émotions.

Quelque soit le motif de faire couler les larmes, il y a toujours une interpellation ou un message derrière les larmes. Et dans le cas de l'enfant Moïse dans la corbeille sur le Nil, il y avait un message de secours et de demande de protection qui avait rencontré la compassion de la fille de Pharaon.

Pourquoi pleures-tu ?

Ne pleure plus jamais, car le Seigneur Jésus est là, quoiqu'invisible et il prendra bien soin de toi en toute chose comme la princesse égyptienne prit soin de l'enfant Moïse.

« ***Va, lui répondit la fille de Pharaon. Et la jeune fille alla chercher la mère de l'enfant.*** »

Il y a toujours une voie pour sortir le porteur de l'étoile du fond du trou. Dieu a le contrôle du présent, du passé et du futur de chacun de nous.

Il y a un ange protecteur qui campe autour de tous ceux qui le craignent.

La fille du Pharaon avait de beaux seins mais sans lait et c'est ainsi que la mère de Moïse fut cherchée comme nourrice de son propre enfant par la sagesse de la petite Myriam.

Pour la princesse, Moïse était juste un jouet entre ses mains alors que pour Dieu, c'était le futur libérateur du peuple d'Israël selon la promesse faite à Abraham dans l'alliance qui porte son nom.

C'est ainsi que Moïse entra dans la maison royale égyptienne de laquelle il sortira à 40 ans pour aller se réfugier chez Jéthro.

Il ne savait pas qu'il venait de terminer avec la formation royale et qu'à partir de ce moment précis une autre période de 40 ans commençait dans sa vie, période au cours de laquelle il devait recevoir une formation divine de la part de son beau-père qui était prêtre en Madian.

SORTIR POUR FAIRE SORTIR

« 2.11. *En ce temps-là, Moïse, devenu grand, se rendit vers ses frères, et fut témoin de leurs pénibles travaux. Il vit un Égyptien qui frappait un Hébreu d'entre ses frères.*

2.12. *Il regarda de côté et d'autre, et, voyant qu'il n'y avait personne, il tua l'Égyptien, et le cacha dans le sable.*

2.13. *Il sortit le jour suivant; et voici, deux Hébreux se querellaient. Il dit à celui qui avait tort: Pourquoi frappes-tu ton prochain?*

2.14. *Et cet homme répondit: Qui t'a établi chef et juge sur nous? Penses-tu me tuer, comme tu as tué l'Égyptien? Moïse eut peur, et dit: Certainement la chose est connue.*

2.15. *Pharaon apprit ce qui s'était passé, et il cherchait à faire mourir Moïse. Mais Moïse s'enfuit de devant Pharaon, et il se retira dans le pays de Madian, où il s'arrêta près d'un puits.* » Exode 2:11-15.

Il fallait que Moïse sorte pour faire sortir Israël de la maison de la captivité.

Deux personnes dans un même trou ne peuvent y sortirent d'un coup tous deux. Ils devraient bien s'entendre pour que l'un en sorte et qu'il revienne pour faire sortir l'autre.

On ne peut pas sauver, si on n'cst pas encore sauvé, soi-même. Nous sommes sauvés pour sauver les autres. Nous sommes pardonnés pour pardonner aussi les autres.

Il partit au loin, laissant le couvert en or sur la table de la maison royale et allant en courant pour s'arrêter au puits.

Le puits représente l'église locale où l'on adore Dieu en esprit et en vérité qui est notre lieu de refuge.

Chaque fois que les choses ne vont plus comme nous aurions souhaité, nous devons courir vers le puits d'eau vive pour nous ressourcer pour un nouveau kilomètre.

Quelque chose va se passer au puits.

« 2.16. ***Le sacrificateur de Madian avait sept filles. Elles vinrent puiser de l'eau, et elles remplirent les auges pour abreuver le troupeau de leur père.***

2.17. ***Les bergers arrivèrent, et les chassèrent. Alors Moïse se leva, prit leur défense, et fit boire leur troupeau.***

2.18. ***Quand elles furent de retour auprès de Réuel, leur père, il dit: Pourquoi revenez-vous si tôt aujourd'hui?***

2.19. ***Elles répondirent: Un Égyptien nous a délivrées de la main des bergers, et même il nous a puisé de l'eau, et a fait boire le troupeau.***

2.20. ***Et il dit à ses filles: Où est-il? Pourquoi avez-vous laissé cet homme? Appelez-le, pour qu'il prenne quelque nourriture.***

2.21. ***Moïse se décida à demeurer chez cet homme, qui lui donna pour femme Séphora, sa fille.*** » Exode 2:16-21

Il ne faudra jamais se lasser de servir Dieu. Plus on vous décourage, plus vous devriez aussi continuer à servir Dieu dans l'obéissance, la fidélité et la discipline.

Nous avons deux oreilles mais pour écouter le son d'une seule cloche, le retentissement d'une même trompette.

Moïse fut tiré des eaux par la fille de Pharaon. Il tira aussi les autres de leurs difficultés sans même leur demandait pourquoi et comment se sont-ils retrouvés dans ses toiles d'araignée.

De même, nous aussi, nous avons été tirés de la captivité de la chair et du péché, pour aller sauver aussi les autres qui sont encore dans la servitude du mal.

Il parlait difficilement car il avait une langue lourde, mais il secourait les autres spontanément. Nous aurons toujours d'une manière ou d'une autre une imperfection particulière, et que cela ne puisse nous décourager pour annoncer la Bonne Nouvelle aux pauvres.

La Bible appelle « pauvres », ceux qui n'ont pas encore entendu la Bonne Nouvelle du Royaume des Cieux. Quelque soit ta richesse physique, matérielle ou financière, sans Jésus, tu es un misérable pauvre devant Dieu.

Moïse tenta de sauver un des ses frères devant un Égyptien qu'il tua et qu'il cacha dans le sable.

Après l'un de ses propres frères lui mena la vie dure et il fut ainsi obligé de fuir au loin. Arrivé au puits il intervint pour le compte de 7 filles de Jéthro.

Moïse se maria à Séphora, la fille de Jéthro sans payer un seul effet comme dot. Il me fait penser à Joseph en Egypte qui reçut aussi une femme sans avoir verser la dot.

Le travail bien fait, paie toujours pour le mieux.

40 ans plus tard, Moïse rencontra le Dieu du buisson ardent. C'est là qu'il reçut la mission de la libération d'Israël et de le conduire dans la Terre Promise comme cela fut promis à Abraham.

APPEL DE MOISE

« 3.1. *Moïse faisait paître le troupeau de Jéthro, son beau-père, sacrificateur de Madian; et il mena le troupeau derrière le désert, et vint à la montagne de Dieu, à Horeb.*

3.2. *L'ange de l'Éternel lui apparut dans une flamme de feu, au milieu d'un buisson. Moïse regarda; et voici, le buisson était tout en feu, et le buisson ne se consumait point.*

3.3. *Moïse dit: Je veux me détourner pour voir quelle est cette grande vision, et pourquoi le buisson ne se consume point.*

3.4. *L'Éternel vit qu'il se détournait pour voir; et Dieu l'appela du milieu du buisson, et dit: Moïse! Moïse! Et il répondit: Me voici!*

3.5. *Dieu dit: N'approche pas d'ici, ôte tes souliers de tes pieds, car le lieu sur lequel tu te tiens est une terre sainte.*

3.6. *Et il ajouta: Je suis le Dieu de ton père, le Dieu d'Abraham, le Dieu d'Isaac et le Dieu de*

***Jacob.** Moïse se cacha le visage, car il craignait de regarder Dieu.*

3.7. ***L'Éternel dit: J'ai vu la souffrance de mon peuple qui est en Égypte, et j'ai entendu les cris que lui font pousser ses oppresseurs, car je connais ses douleurs.***

3.8. ***Je suis descendu pour le délivrer de la main des Égyptiens, et pour le faire monter de ce pays dans un bon et vaste pays, dans un pays où coulent le lait et le miel, dans les lieux qu'habitent les Cananéens, les Héthiens, les Amoréens, les Phéréziens, les Héviens et les Jébusiens.***

3.9. ***Voici, les cris d'Israël sont venus jusqu'à moi, et j'ai vu l'oppression que leur font souffrir les Égyptiens.***

3.10. ***Maintenant, va, je t'enverrai auprès de Pharaon, et tu feras sortir d'Égypte mon peuple, les enfants d'Israël.*** » Exode 3 :1-10

Moïse était un grand travailleur. Il faisait paître le troupeau de son beau-père Jéthro qui était sacrificateur à Madian.

Les Madianites sont descendus d'Abraham et de Kétura qui était une femme d'Afrique selon ***Genèse 25 :24***. C'était des Hébreux de race mixte, comme les Ismaélites.

Abraham prit d'autres femmes après la mort de Sarah parmi lesquelles il y avait Kétura, la femme d'origine africaine.

Abraham parla à toutes ses femmes et à tous ses enfants de Dieu. C'est ainsi que Jéthro qui naquit de Madian fut sacrificateur.

C'est lui qui parla à Moïse de Dieu pendant 40 ans. Nous devons être formés pour aller former les autres. Moïse avait deux formations :

- La formation royale dans la maison de Pharaon
- La formation divine dans la maison de Jéthro.

A 80 ans, Dieu vint vers lui pour lui confier la mission de la libération de son peuple, qu'il s'était choisi en Abraham.

Moïse paissait comme d'habitude le troupeau de son beau-père Jéthro sur la montagne d'Horeb, qui est une montagne de Dieu.

Sur quelle montagne, bien-aimé, passes-tu ton temps ?

Sur la montagne d'Egypte ou sur celle de Dieu ?

Il est une chose bonne et agréable que les frères et les sœurs se réunissent dans l'église locale pour partager la Parole de Dieu.

« ***Le buisson était tout en feu, et le buisson ne se consumait point***... » Exode 3 :2

Le buisson était en feu mais il ne se consumait point.

Le Covid-19 a frappé le monde entier et l'Afrique qui n'a pas de moyens à la hauteur de cette pandémie a été visitée par le Dieu du buisson ardent.

Nous avons des postes de test devant chaque lieu public en Afrique et rarement on retient quelqu'un comme porteur de virus.

Nos enfants jouent dans la boue presque partout en Afrique et tombent difficilement malades. Il y a un Dieu du buisson ardent pour la veuve, l'orphelin, le prisonnier et le malade ainsi que pour le pauvre et pour le rejeté.

Moïse se détourna pour mieux voir cette apparition extraordinaire. C'est le mystère du second regard qui consiste à considérer la chose après l'avoir vue pour la première fois. C'est ainsi que Moïse fit un petit tour, pour mieux considérer ce qu'il venait de voir pour la toute première fois de sa vie : « ***le miracle*** » !

Ne peut faire des miracles que celui qui en a déjà vécu.

Du milieu du buisson ardent, Dieu l'appela par son nom, deux fois et il répondit : « ***Me voici*** » !

Quand la fille de Pharaon lui donnait le nom de Moïse, ce qui signifie tiré des eaux, Dieu était présent et ce jour-là il confirma son nom de le libérateur du peuple de Dieu.

Il fut tiré des eaux, pour tirer à son tour le peuple de Dieu de la maison de servitude égyptienne.

Une fois de plus, nous sommes sauvés pour sauver aussi les autres afin de les tirer aussi de maison de servitude du péché pour les conduire et les établir dans la maison de crainte de Dieu, de l'obéissance, de la fidélité et de la discipline.

Soyons sensibles à la souffrance et à la captivité des autres qui ont été créés à l'image et à la ressemblance de Dieu.

« ***Je suis le Dieu de ton père, le Dieu d'Abraham, le Dieu d'Isaac et le Dieu de Jacob.*** » Exode 3 :6

Dieu s'identifia à Moïse par les noms des 3 patriarches de l'Alliance Abrahamique qui est la porte par laquelle sont entrées les alliances mosaïque, palestinienne et davidique.

Il est Dieu d'Abraham, le père de la foi, le Dieu d'Isaac, celui du sacrifice et le Dieu de Jacob, le Dieu de ceux qui obtiennent sa faveur par la violence.

Il est aussi le Dieu de ton pasteur ou de ton père spirituel. C'est seulement à titre référentiel pour reconnaître les empreintes que nous ont laissées les autres par leur foi dans le nom de Jésus.

J'ai personnellement une empreinte dans ma foi : celle de l'Apôtre Ayidini Abala, le fondateur de l'Eglise Nzambe Malamu dont le siège mondial est à Kinshasa en République Démocratique du Congo.

Ma femme était stérile. Et par son ministère, nous avons une femme heureuse et paisible aujourd'hui !

Que son âme repose en paix !

Dieu a travaillé avec d'autres serviteurs avant de faire de nous ses serviteurs. Il travailla avec Abraham, puis avec Isaac, et après avec Jacob, et plus tard avec les douze tribus d'Israël.

La mission a toujours été plus longue et plus grande que le missionnaire qui devra préparer un successeur pour son aboutissement harmonieux car Dieu ne paie pas les travaux inachevés.

Dieu avait vu la souffrance d'Israël en Egypte, il avait entendu les cris que ses enfants poussaient vers lui et descendit pour les délivrer de la main des égyptiens. Mais il conclut de passer par un homme, Moïse, le libérateur.

Quand je remonte dans le temps, je vois la fille de Pharaon qui considérait cet enfant tiré des eaux comme une poupée, une figurine ou une marionnette entre ses mains, et qui ignorait complètement que 80 ans plus tard, il serait le libérateur des enfants d'Israël.

Il lui confia ainsi la mission noble et altesse obligation de sortir Israël du pays de la servitude pour le faire entrer dans la Terre Promise.

Moïse n'avait pas d'armée pour combattre celle des Egyptiens qui avait gardé sous corvée le peuple d'Israël. Mais il était envoyé par le Dieu qui donne la vision et la provision.

Je me lève au Nom de celui qui est plus grand que Moïse pour alerter le ciel à cause de la mort télescopique, dramatique et attendrissante de nos compatriotes à l'Est de la République Démocratique pour confondre tous les ennemis de la paix et de la concorde du pays le riche du monde au peuple le plus indigent de la planète bleue.

Et je crois que, même après moi, un de mes lecteurs se lèvera pour témoigner que la confusion dans l'exploitation meurtrière des nos richesses à l'Est de notre pays aura été finalement et complètement engloutie dans les flots de la vengeance de Dieu, au nom de Jésus-Christ.

« ***L'Éternel lui dit: Qu'y a-t-il dans ta main? Il répondit: Une verge.*** » Exode 4 :2

Qu'avons-nous aujourd'hui en nous pour combattre le diable ainsi que toute l'armée de nos ennemis ?
Nous avons le Nom de Jésus qui est plus grand, plus fort et plus puissant que le bâton de Moïse.

Le Nom de Jésus est plus puissant que la verge de Moïse !
Jusque là Moïse n'avait pas encore conclue d'alliance avec Dieu. C'était seulement les instructions sur la mission. Et l'Alliance intervint au mont Sinaï, plus tard.

Moïse devait rentrer au pays où il était recherché pour meurtre pour libérer les enfants d''Israël de la main puissante de Pharaon.

La démonstration de la parole de Dieu fut dans les signes, les prodiges et les merveilles qui l'accompagnèrent.

« 4.2. ***L'Éternel lui dit: Qu'y a-t-il dans ta main? Il répondit: Une verge.***

4.3. ***L'Éternel dit: Jette-la par terre. Il la jeta par terre, et elle devint un serpent. Moïse fuyait devant lui.***

4.4. ***L'Éternel dit à Moïse: Étends ta main, et saisis-le par la queue. Il étendit la main et le saisit et le serpent redevint une verge dans sa main.***

4.5. ***C'est là, dit l'Éternel, ce que tu feras, afin qu'ils croient que l'Éternel, le Dieu de leurs pères, t'est apparu, le Dieu d'Abraham, le Dieu d'Isaac et le Dieu de Jacob.*** » Exode 4 :2-5

Dieu nous envoie en mission avec ce que nous avons en main. Dieu qui donne la vision, donne aussi la provision et la réserve.

Moïse ne savait pas que le bâton égyptien qu'il avait reçu quand il avait fini ses études à l'école royal de Pharaon était un serpent.

Le téléphone que nous tenons en main dans cette génération de la fin des temps est un serpent. Il peut nous peut exposer à la mort facilement.

Sans compter les risques physiques liés à une utilisation conjointe à d'autres activités dangereuses comme la conduite automobile, les risques conjoints aux radiations électromagnétiques émises par les téléphones et les antennes-relais ont un effet pertinent sur notre santé. Aujourd'hui tout passe par le téléphone. La vie et la mort se trouvent dans le téléphone.

Choisissons le bien et rejetons le ml en bloc afin que nous vivions selon la volonté de Dieu. Le bien et le mal ont pris une grande vitesse en cette génération de la fin des temps. Et nous devrions réfléchir deux fois avant de publier quoique que ce soit dans les réseaux sociaux. Et quant à nous enfants de Dieu, nous avons plus que le téléphone entre nos mains : c'est le Nom Puissant de Jésus.

La vie de Moïse était en effet divisée en 3 grandes parties de 40 ans chacune :

- 40 ans dans la maison de Pharaon ;
- 40 ans dans la maison de Jéthro et

- 40 ans dans le désert sous la conduite de Dieu.

Il avait 80 ans quand Dieu lui dit de jeter ce bâton par terre cat il ne fallait plus continuer à le tenir par la tête.

C'était la préfiguration et la prénotion de la nouvelle naissance que Nicodème ne put comprendre et saisir en face de Jésus!

Nous ne devons plus nous lever pour faire notre volonté mais pour accomplir celle de Dieu.

Dieu n'a besoin que de notre disponibilité pour nous confier la vision de la mission ainsi que la provision y afférente.

La disponibilité de l'homme devant Dieu le rendra grand devant les autres si et seulement si il marche dans l'intégrité, l'obéissance, la fidélité et la discipline.

Moïse ignorait qu'il tenait en main, pendant plus de 40 ans un serpent égyptien.

Ce bâton était son diplôme de consécration à la fin de ses études à l'école des princes d'Egypte.

Le meilleur cadeau de la vie, ce n'est pas le diplôme de ce monde, mais la vie éternelle que nous obtenons gratuitement par la foi en Jésus-Christ.

Moïse prit la fuite devant son propre bâton qu'il gardait jalousement jour et lui à ses côtés. C'est de la même manière que beaucoup de personnes seront déçues par leurs propres actes devant le trône blanc du jugement dernier.

C'est le moment de jeter le mal par terre et de tenir le bien en main pour aller annoncer la Bonne Nouvelle aux autres qui sont encore dans la captivité du péché.

« ***Étends ta main, et saisis-le par la queue.*** ... » Exode 4 :4

C'est bien cela le présage de la nouvelle naissance.

La jeune fille que l'on amenait à l'hôtel après avoir mangé au restaurant est maintenant invitée à venir suivre un séminaire sur le salut des âmes perdues pour hériter la vie éternelle à son tour.

Le jeune homme qui passait son temps à fumer du chanvre dans les rues, est devenu un fervent lecteur de la Bible et travaille dans l'équipe d'évangélisation. C'est cela l'image de la nouvelle naissance.

Moïse devait arrêter de paître le troupeau de son beau-père Jéthro pour aller paître le peuple de Dieu dans le désert pendant 40 ans. Et celle mission devait être scellée par une alliance : l'Alliance Mosaïque.

Le signe du bâton qui se transforma en serpent fût la première preuve que Moïse venait de la part de Dieu.

« 16.15. ***Puis il leur dit: Allez par tout le monde, et prêchez la bonne nouvelle à toute la création.***

16.16. ***Celui qui croira et qui sera baptisé sera sauvé, mais celui qui ne croira pas sera condamné.***

16.17. ***Voici les miracles qui accompagneront ceux qui auront cru: en mon nom, ils chasseront les démons; ils parleront de nouvelles langues;***

16.18. ***Ils saisiront des serpents; s'ils boivent quelque breuvage mortel, il ne leur feront point de mal; ils imposeront les mains aux malades, et les malades, seront guéris.*** . » Marc 16 :15-18

Nous voyons aussi que le Seigneur Jésus aussi mentionne le serpent parmi les signes qui accompagneront ceux qui auront cru.

Il n'y a pas de mission de Dieu sans signes et prodiges. La foi en Jésus nous introduits dans le domaine du surnaturel où en son nom :

- Nous chasserons les démons,
- Nous parlerons de nouvelles langues,
- Nous saisiront des serpents ;

- Nous boirons des breuvages mortels sans en mourir et
- Nous imposerons les mains aux malades et ils seront guéris.

C'est le mandat que nous avons dans la foi en Jésus-Christ.
Nous n'avons plus besoin de Moïse, car le Nom de Jésus est plus puissants que tout autre nom, dans les cieux, sur la terre et sous la terre.

Dieu donna du temps de Moïse le signe du serpent afin que le peuple d'Israël puisse croire qu'il venait de sa part.

Aujourd'hui, nous ne devons pas nous limiter seulement aux miracles, mais nous devons vérifier si ce que les faiseurs de miracles nous enseignent vient de la Parole de Dieu ou de leur propre imagination.

« ***Car il s'élèvera de faux Christs et de faux prophètes; ils feront de grands prodiges et des miracles, au point de séduire, s'il était possible, même les élus.*** » Mathieu 24 :24

Nous devons éprouver tout esprit à la lumière de la Parole de Dieu.

Moïse fit des signes et des prodiges dans l'exercice de son ministère et plus tard, Dieu confirma sa mission en lui donnant l'Alliance Mosaïque qui était constituée des 10 commandements de Dieu.

« 4.6. ***L'Éternel lui dit encore: Mets ta main dans ton sein. Il mit sa main dans son sein; puis il la retira, et voici, sa main était couverte de lèpre, blanche comme la neige.***

4..7. ***L'Éternel dit: Remets ta main dans ton sein. Il remit sa main dans son sein; puis il la retira de son sein, et voici, elle était redevenue comme sa chair.***

4.8. ***S'ils ne te croient pas, dit l'Éternel, et n'écoutent pas la voix du premier signe, ils croiront à la voix du dernier signe.***

4.9. ***S'ils ne croient pas même à ces deux signes, et n'écoutent pas ta voix, tu prendras de l'eau du fleuve, tu la répandras sur la terre, et l'eau que tu auras prise du fleuve deviendra du sang sur la terre.*** » Exode 4:6-9

Après le bâton transformé en serpent, Dieu lui montra le miracle de la main qui sortit de son sein pleine de lèpre et qui en ressortit après saine comme avant.

Il lui ajouta un troisième miracle, celui de l'eau du fleuve transformée en sang. Tout cela pour convaincre le peuple de Dieu qu'il venait de la part de Dieu.

Quand Jean-Baptiste était en prison, il envoya ses disciples vers Jésus pour savoir si et seulement si c'était bien lui celui qui devait venir. Et le Seigneur leur répondit en ces termes :

« 11.4. ***Allez rapporter à Jean ce que vous entendez et ce que vous voyez:***

11.5. ***Les aveugles voient, les boiteux marchent, les lépreux sont purifiés, les sourds entendent, les morts ressuscitent, et la bonne nouvelle est annoncée aux pauvres.***

11.6. ***Heureux celui pour qui je ne serai pas une occasion de chute!*** » Mathieu 11 :4-6

La Parole de Dieu est toujours accompagnée de signes et prodiges.

Moïse pouvait maintenant aller vers son peuple sans crainte et se tenir devant Pharaon pour les sortir de la maison de la servitude.

Il avait des signes et des prodiges, mais jusque là, il n'avait aucun document palpable de la part de Dieu.

LA DIXIEME PLAIE

Les dix plaies sont :

- les eaux du fleuve changées en sang (***Exode 7 :14-25***),
- les grenouilles (***Exode 8 :1-25***) ;
- les moustiques ou les poux (***Exode 8 :16-19***);
- les mouches (***Exode 8 :20-31***) ;
- la mort des troupeaux (***Exode 9 :1-7***) ;
- les furoncles (***Exode 9 :8-12***) ;
- la grêle (***Exode 9 :13-35***) ;
- les sauterelles (***Exode 10 :13-19***) ;
- les ténèbres et enfin (***Exode 10 :21-26***) et enfin
- la mort des premiers nés, comme nous allons le voici ci-après.

« 12.29. ***Au milieu de la nuit, l'Éternel frappa tous les premiers-nés dans le pays d'Égypte, depuis le premier-né de Pharaon assis sur son trône, jusqu'au premier-né du captif dans sa prison, et jusqu'à tous les premiers-nés des animaux.***

12.30. ***Pharaon se leva de nuit, lui et tous ses serviteurs, et tous les Égyptiens; et il y eut de grands cris en Égypte, car il n'y avait point de maison où il n'y eût un mort.***

12.31. ***Dans la nuit même, Pharaon appela Moïse et Aaron, et leur dit: Levez-vous, sortez du milieu de mon peuple, vous et les enfants d'Israël. Allez, servez l'Éternel, comme vous l'avez dit.***

12.32. ***Prenez vos brebis et vos bœufs, comme vous l'avez dit; allez, et bénissez-moi.*** » Exode 12 :29-32

Moïse et Aaron firent des signes et des prodiges devant Pharaon pour le convaincre afin de libérer le peuple de dieu, mais ce dernier avait un cœur dur.

Cependant à la dixième plaie, il fut obligé de laisser partir de nuit, le peuple d'Israël ainsi que leurs biens pour aller l'adorer dans le désert.

Moïse montra en ce jour-là qu'il venait de la part de Dieu. Et ce jour demeura un jour de la mémoire de la sortie du peuple d'Israël du pays de la captativité.

Ils furent protégés par le sang de l'agneau qu'ils avaient placé sur les deux poteaux de chaque porte et sur le linteau pour servir de signe à l'ange de la mort qui vint pour tuer les premiers nés des enfants égyptiens ainsi que ceux de leurs bétails.

Ils sortirent du pays d'Egypte de nuit, comme un seul homme avec leurs biens sous la conduite de Moïse. Les égyptiens les suivirent et se rapprochèrent d'eux en face de la Mer Rouge.

« 14.13. ***Moïse répondit au peuple: Ne craignez rien, restez en place, et regardez la délivrance que l'Éternel va vous accorder en ce jour; car les Égyptiens que vous voyez aujourd'hui, vous ne les verrez plus jamais.***

14.14. ***L'Éternel combattra pour vous; et vous, gardez le silence.***

14.15. ***L'Éternel dit à Moïse: Pourquoi ces cris? Parle aux enfants d'Israël, et qu'ils marchent.***

14.16. ***Toi, lève ta verge, étends ta main sur la mer, et fends-la; et les enfants d'Israël entreront au milieu de la mer à sec.***

14.17. ***Et moi, je vais endurcir le cœur des Égyptiens, pour qu'ils y entrent après eux: et Pharaon et toute son armée, ses chars et ses cavaliers, feront éclater ma gloire.***

14.18. ***Et les Égyptiens sauront que je suis l'Éternel, quand Pharaon, ses chars et ses cavaliers, auront fait éclater ma gloire.*** » Exode 14 :13-18

Ce fut la démonstration de la puissance de Dieu. Israël traversa la Mer Rouge à pieds secs et les égyptiens ainsi que leurs chars moururent dans les eaux.

Et plus tard, Dieu donna l'Alliance Mosaïque à Israël.

ALLIANCE REMISE A MOISE

« 19.1. ***Le troisième mois après leur sortie du pays d'Égypte,*** *les enfants d'Israël arrivèrent ce jour-là au désert de Sinaï.*

19.2. *Étant partis de Rephidim, ils arrivèrent au désert de Sinaï, et ils campèrent dans le désert; Israël campa là, vis-à-vis de la montagne.*

19.3. ***Moïse monta vers Dieu:*** *et l'Éternel l'appela du haut de la montagne, en disant: Tu parleras ainsi à la maison de Jacob, et tu diras aux enfants d'Israël:*

19.4- *Vous avez vu ce que j'ai fait à l'Égypte, et comment je vous ai portés sur des ailes d'aigle et amenés vers moi.*

19.5. ***Maintenant, si vous écoutez ma voix, et si vous gardez mon alliance, vous m'appartiendrez entre tous les peuples, car toute la terre est à moi;***

19.6. ***Vous serez pour moi un royaume de sacrificateurs et une nation sainte. Voilà les paroles que tu diras aux enfants d'Israël.***

19.7. ***Moïse vint appeler les anciens du peuple, et il mit devant eux toutes ces paroles, comme l'Éternel le lui avait ordonné.*** » Exode 19 :1-7

Dieu ne prend pas souvent l'ascenseur, il préfère les escaliers. C'est ainsi qu'il attendit 3 mois après la sortie d'Egypte pour faire une alliance avec eux, au travers de Moïse.

Moïse monta dans la montagne au lieu où l'avait appelé Dieu pour prendre les paroles de l'Alliance qui porte son nom.

Il prit à témoins les multiples miracles qu'il manifesta au milieu d'eux par le biais de Moïse, son serviteur.

Si Israël écoute la voix de Dieu, il sera son peuple et il lui appartiendra au milieu des autres peuples. Il sera un Royaume des Sacrificateurs et une Nation sainte.

Moïse monta dans la montagne et entendit de la part de Dieu lui-même les paroles de l'Alliance qui porte son nom, autrement appelées les dix commandements.

« 20.1. ***Alors Dieu prononça toutes ces paroles, en disant:***

20.2. ***Je suis l'Éternel, ton Dieu, qui t'ai fait sortir du pays d'Égypte, de la maison de servitude.***

20.3. ***Tu n'auras pas d'autres dieux devant ma face.***

20.4. ***Tu ne te feras point d'image taillée, ni de représentation quelconque des choses qui sont en haut dans les cieux, qui sont en bas sur la terre, et qui sont dans les eaux plus bas que la terre.***

20.5. ***Tu ne te prosterneras point devant elles, et tu ne les serviras point; car moi, l'Éternel, ton Dieu, je suis un Dieu jaloux, qui punis l'iniquité des pères sur les enfants jusqu'à la troisième et la quatrième génération de ceux qui me haïssent,***

20.6. ***Et qui fais miséricorde jusqu'en mille générations à ceux qui m'aiment et qui gardent mes commandements.***

20.7. ***Tu ne prendras point le nom de l'Éternel, ton Dieu, en vain; car l'Éternel ne laissera point impuni celui qui prendra son nom en vain.***

20.8. ***Souviens-toi du jour du repos, pour le sanctifier.***

20.9. ***Tu travailleras six jours, et tu feras tout ton ouvrage.***

20.10. ***Mais le septième jour est le jour du repos de l'Éternel, ton Dieu: tu ne feras aucun ouvrage, ni toi, ni ton fils, ni ta fille, ni ton serviteur, ni ta servante, ni ton bétail, ni l'étranger qui est dans tes portes.***

20.11. ***Car en six jours l'Éternel a fait les cieux, la terre et la mer, et tout ce qui y est contenu, et il s'est reposé le septième jour: c'est pourquoi l'Éternel a béni le jour du repos et l'a sanctifié.***

20.12. ***Honore ton père et ta mère, afin que tes jours se prolongent dans le pays que l'Éternel, ton Dieu, te donne.***
20.13. ***Tu ne tueras point.***

20.14. ***Tu ne commettras point d'adultère.***

20.15. ***Tu ne déroberas point.***

20.16. ***Tu ne porteras point de faux témoignage contre ton prochain.***

20.17. ***Tu ne convoiteras point la maison de ton prochain; tu ne convoiteras point la femme de ton prochain, ni son serviteur, ni sa servante, ni son bœuf, ni son âne, ni aucune chose qui appartienne à ton prochain.*** » Exode 20 :1-17

Cette alliance a joué un grand rôle pour asseoir Israël comme un royaume et une nation de Dieu. Elle était la référence de leur appartenance à Dieu. Elle était la constitution ou la charte entre Dieu et le peuple d'Israël.

LA DOUBLE TABLE

C'est le premier document écrit qui sort des mains de Dieu lui-même, écrit de sa propre main et remis à Moïse du sommet de la montagne de Sinaï alors que le peuple tout entier était resté à son pied.

Sur les dix commandements de Dieu remis à Moïse, les quatre premiers commandements sont à observer entre Dieu et l'homme et les six autres sont à observer entre les hommes.

La loi n'a pas su rapproché totalement Israël de Dieu, car elle nous montre ce qui mal mais ne nous donne pas la force et la capacité de faire le bien et rien que le bien.

« 7.14. ***Nous savons, en effet, que la loi est spirituelle; mais moi, je suis charnel, vendu au péché.***

7.15. ***Car je ne sais pas ce que je fais: je ne fais point ce que je veux, et je fais ce que je hais.***

7.16. ***Or, si je fais ce que je ne veux pas, je reconnais par là que la loi est bonne.***

7.17. ***Et maintenant ce n'est plus moi qui le fais, mais c'est le péché qui habite en moi.***

7.18. ***Ce qui est bon, je le sais, n'habite pas en moi, c'est-à-dire dans ma chair: j'ai la volonté, mais non le pouvoir de faire le bien.***

7.19. ***Car je ne fais pas le bien que je veux, et je fais le mal que je ne veux pas.***

7.20. ***Et si je fais ce que je ne veux pas, ce n'est plus moi qui le fais, c'est le péché qui habite en moi.***

7.21. ***Je trouve donc en moi cette loi: quand je veux faire le bien, le mal est attaché à moi.***

7.22. ***Car je prends plaisir à la loi de Dieu, selon l'homme intérieur;***

7.23. ***Mais je vois dans mes membres une autre loi, qui lutte contre la loi de mon entendement, et qui me rend captif de la loi du péché, qui est dans mes membres.***

7.24. ***Misérable que je suis! Qui me délivrera du corps de cette mort ?***

7.25. ***Grâces soient rendues à Dieu par Jésus Christ notre Seigneur! Ainsi donc, moi-même, je suis par l'entendement esclave de la loi de Dieu, et je suis par la chair esclave de la loi du péché.*** » Romains 7 :14-25

La loi de Dieu est spirituel, mais les hommes sans Jésus sont charnels, vendus au péché. En dehors de Jésus, nous faisons le mal que nous ne voulons pas.

La conscience est là présente mais nous manquons la capacité de résister au mal, car c'est le péché qui habite en nous tant que nous n'avons pas fait une rencontre personnelle avec Jésus.

La volonté de faire le bien est là, mais pas le pouvoir. Et il y a un combat entre l'homme intérieur qui prend plaisir à la loi de Dieu et l'homme extérieur qui est esclave de la chair.

Seul Jésus peut nous délivrer de la servitude de la chair. C'est la nouvelle naissance qui consiste à mourir quant aux œuvres de la chair pour vivre selon la conduite de l'Esprit de Dieu en adoptant une vie de sanctification, de prière et d'action de grâce.

C'est en demeurant ensemble dans la présence de Dieu au sein de la bergerie sous la protection du Bon Berger que nous vaincrons complètement l'influence de la chair sur l'esprit.

Moïse conduisit le peuple d'Israël, mais nous qui croyons en Jésus, nous devrions être guidés par le Saint-Esprit.

Israël traversa la Mer Rouge à pieds secs, alors que les égyptiens avec leurs chars y moururent, ainsi nous devons mourir quant à la chair pour vivre quand à l'Esprit de Dieu.

En plus de dix commandements qui constituaient l'Alliance Mosaïque, Dieu donna des ordres et des arrêtés multiples pour permettre au peuple de Dieu à vivre en paix et en harmonie dans la Terre Promise.

Ce sont ses instructions qui constituent l'Alliance Palestinienne que nus allons voir dans la suite de notre exposé sur les alliances. (Exode 21, 22 et 23)

Ces trois chapitres du livre d'Exode nous donnent des détails sur les recommandations à suivre dans la Terre Promise.

Et il fallait traverser le Jourdain, conquérir le pays de la promesse faite à Abraham afin de vivre avec Dieu conformément à l'Alliance Palestinienne.

L'Alliance Palestinienne que nous allons bientôt aborder vient s'ajouter conjointement à l'Alliance Mosaïque qui l'on appelle aussi la loi de Moïse.

CONCLUSION

La Loi fut donnée avec précision au peuple d'Israël du temps de Moïse. Elle était constituée de 10 commandements et de plus de 500 instructions.

Tout cela n'a pu sauver le peuple que Dieu lui-même s'était choisi.

Des 600.000 milles hommes sur pieds, sans compter les femmes et les enfants, qui sortirent de l'Egypte pour la Terre Promise, seuls deux y entrèrent :

- Caleb et
- Josué.

Moïse mourut dans les plaines de Moab et vit de loin la Terre Promise.

« 34.1. ***Moïse monta des plaines de Moab sur le mont Nebo, au sommet du Pisga, vis-à-vis de Jéricho. Et l'Éternel lui fit voir tout le pays:***

34.2. ***Galaad jusqu'à Dan, tout Nephthali, le pays d'Éphraïm et de Manassé, tout le pays de Juda jusqu'à la mer occidentale,***

34.3. ***Le midi, les environs du Jourdain, la vallée de Jéricho, la ville des palmiers, jusqu'à Tsoar.***

34.4. ***L'Éternel lui dit: C'est là le pays que j'ai juré de donner à Abraham, à Isaac et à Jacob, en disant: Je le donnerai à ta postérité. Je te l'ai fait voir de tes yeux; mais tu n'y entreras point.***

34.5. ***Moïse, serviteur de l'Éternel, mourut là, dans le pays de Moab, selon l'ordre de l'Éternel.***

34.6. ***Et l'Éternel l'enterra dans la vallée, au pays de Moab, vis-à-vis de Beth Peor. Personne n'a connu son sépulcre jusqu'à ce jour.***

34.7. ***Moïse était âgé de cent vingt ans lorsqu'il mourut; sa vue n'était point affaiblie, et sa vigueur n'était point passée.***

34.8. ***Les enfants d'Israël pleurèrent Moïse pendant trente jours, dans les plaines de Moab; et ces jours de pleurs et de deuil sur Moïse arrivèrent à leur terme.***

34.9. ***Josué, fils de Nun, était rempli de l'esprit de sagesse, car Moïse avait posé ses mains sur lui. Les enfants d'Israël lui obéirent, et se conformèrent aux ordres que l'Éternel avait donnés à Moïse.***

34.10. ***Il n'a plus paru en Israël de prophète semblable à Moïse, que l'Éternel connaissait face à face.*** » Deutéronome 34 :1-10

Celui qui fut le plus grand prophète de Dieu en Israël et qui parla avec lui bouche à bouche et qui fut connut de lui face à face, mourut sur la montagne de Nebo, au sommet de Pisga et fut enterré par Dieu lui-même dans la vallée de Moab.

Si la loi n'a pas pu sauver celui qui la reçut de Dieu et qui la transmit au peuple de Dieu, à combien plus forte raison ne devrions-nous pas croire en celui qui est plus grand que Moïse et la loi ?

«11.28. ***Venez à moi, vous tous qui êtes fatigués et chargés, et je vous donnerai du repos.***

11.29. ***Prenez mon joug sur vous et recevez mes instructions, car je suis doux et humble de cœur; et vous trouverez du repos pour vos âmes.***

11.30. ***Car mon joug est doux, et mon fardeau léger.*** » Mathieu 11 : 28-30

La loi nous montre le péché mais elle est incapable de nous donner la force de vaincre le péché et de nous réconcilier avec Dieu.

Israël, conduit par Josué entra dans la Terre Promise, mais ni l'Alliance Abrahamique, Mosaïque, Palestinienne ou même Davidique ne purent garder ce peuple dans la présence de Dieu.

Il a fallu que vienne le Messie, le Seigneur et le Sauveur du monde, Jésus, pour que nous puissions réellement nous réconcilier avec Dieu pour une restauration parfaite.

L'AUTEUR

Sylvanus Mulowayi Wa Kayumba, né le 02/10/1963 dans la petite ville minière de Kolwezi dans la province du Grand Katanga, en République Démocratique du Congo, dans une famille de 8 garçons et 2 filles.

Sa plume remonte aux années 1983 comme dramaturge et acteur monologue, habitué à évoluer en soldat solitaire.

Traducteur Assermenté et Polyglotte, il a beaucoup écrit sur le social, le divin et est l'imaginaire.

Aumônier et prédicateur de la bonne nouvelle du royaume de Dieu, il est aussi un ami des prisonniers et des malades.

Dans un style simple embaumé de microcosme, il continue sa trotte tant qu'il y aura encore de l'encre dans son encrier.

Co-fondateur du Culte Anglophone dans la Ville de Lubumbashi dans la Province du Grand Katanga en République Démocratique du Congo en 1993.

En 2002 dans la Ville de Kinshasa, il participa efficacement à l'installation du Ministère du Réseau Global pour la Nouvelle Alliance et ouvrit une émission chrétienne à la télévision « ONLY JESUS » avant de se concentrer totalement à la littérature théologique pratique jusqu'à ce jour.

Ouvert à tous, pour la cause commune !

L'Auteur

TABLE DES MATIERES

Introduction 005

Alliance Mosaïque 009

- Souvent & Toujours 017
- La Sagesse de la Mère de Moïse 022

Les Escaliers et l'Ascenseur 030

- Les Larmes 036
- Sortir pour faire sortir 040

Appel de Moïse 046

10° Plaie 067

Alliance remise à Moïse 072

- Double Table 077

Conclusion 084

Auteur 089

Table des matières 092

ALLIANCE MOSAIQUE

C'est le premier document écrit qui sort des mains de Dieu lui-même, écrit de sa propre main et remis à Moïse du sommet de la montagne de Sinaï alors que le peuple tout entier était resté à son pied.

Sur les dix commandements de Dieu remis à Moïse, les quatre premiers commandements sont à observer entre Dieu et l'homme et les six autres sont à observer entre les hommes.

La loi nous montre le péché mais elle est incapable de nous donner la force de vaincre le péché et de nous réconcilier avec Dieu.

Israël, conduit par Josué entra dans la Terre Promise, mais ni l'Alliance Abrahamique, Mosaïque, Palestinienne ou même Davidique ne purent garder ce peuple dans la présence de Dieu.

C'est en Jésus que réside la Nouvelle Alliance, écrite, non sur les Tables de pierre, mais dans nos cœurs par la foi en Lui.

Sylvanus MULOWAYI n'est plus à présenter. Il se cache dorénavant derrière ses œuvres littéraires qui sont nombreuses et variées en ligne où il parle du divin, du social et de l'imaginaire afin de ramener le fort et le faible autour d'une même table pour un repas fraternel.

La Fourmi du Seigneur

Printed by Books on Demand GmbH, Norderstedt / Germany